LA FABRICATION

DE

LA DENTELLE À LA MAIN

DANS LE DÉPARTEMENT DU NORD

PAR

M. A. DODANTHUN

SECRÉTAIRE GÉNÉRAL DE L'UNION FAULCONNIER
MEMBRE DE LA SOCIÉTÉ DUNKERQUOISE POUR L'ENCOURAGEMENT DES SCIENCES,
DES LETTRES ET DES ARTS

Extrait du *Bulletin des sciences économiques et sociales du Comité
des travaux historiques et scientifiques*, année 1904

PARIS

IMPRIMERIE NATIONALE

MDCCCCVI

MINISTÈRE DE L'INSTRUCTION PUBLIQUE
ET DES BEAUX-ARTS

LA FABRICATION

DE

LA DENTELLE À LA MAIN

DANS LE DÉPARTEMENT DU NORD

PAR

M. A. DODANTHUN

SECRÉTAIRE GÉNÉRAL DE L'UNION FAULCONNIER
MEMBRE DE LA SOCIÉTÉ DUNKERQUOISE POUR L'ENCOURAGEMENT DES SCIENCES,
DES LETTRES ET DES ARTS

Extrait du *Bulletin des sciences économiques et sociales du Comité
des travaux historiques et scientifiques*, année 1904

PARIS

IMPRIMERIE NATIONALE

MDCCCCVI

LA FABRICATION

DE

LA DENTELLE À LA MAIN

DANS LE DÉPARTEMENT DU NORD.

Le musée Galliera organise, chaque année, sous les auspices de la ville de Paris, une exposition dans le but de mettre en lumière, à tour de rôle, les diverses branches de l'art industriel.

Il y a deux ans, l'exposition fut consacrée à la «Reliure»; l'année dernière, elle eut pour objet l'«Ivoire»; en 1904, elle concerne cette industrie artistique et aimable qu'est la fabrication de la dentelle.

A l'occasion de cette exposition et aussi à cause du relèvement de la fabrication de la dentelle à la main provoqué par une récente intervention législative, nous avons pensé qu'il serait intéressant de faire la monographie de cette industrie dans le département du Nord, d'en retracer l'historique, d'en étudier l'état actuel et enfin de chercher les mesures propres à en favoriser le développement.

INTRODUCTION.

Avant d'entrer dans le vif de notre sujet, il nous semble utile de donner quelques explications techniques générales sur la nature de la dentelle et sur sa fabrication.

La dentelle est un tissu léger et à jour, formé de fils, qui, par leurs croisements, constituent un treillage régulier et orné de dessins plus opaques de formes diverses.

Ces fils sont de lin, de coton, de soie, voire même d'or ou d'argent.

Il ne faut pas confondre la dentelle avec la broderie ni avec les étoffes tissées ou brochées : dans la broderie, l'ornementation et le tissu sont distincts et s'appliquent l'un sur l'autre, tandis que la dentelle, chose essentiellement homogène, est faite d'une seule pièce; à un autre point de vue, la dentelle, qui implique l'idée de fabrication à la main, ne saurait être assimilée aux étoffes tissées ou brochées, qui s'obtiennent au moyen de machines répétant continuellement le même modèle.

Dans toute dentelle on trouve donc deux éléments : le fond ou réseau de fils qui forment un filet, et le dessin, dont le contour et le corps même sont combinés avec le fond; elle exprime un travail fait avec des fils entrelacés, *passés* l'un dans l'autre : de là sans doute le nom de *passement* par lequel on la désignait autrefois [1].

On distingue deux sortes de dentelles, selon la manière dont on les exécute : la dentelle à l'aiguille, à laquelle on donne le nom de *point*, et la dentelle aux fuseaux.

«La caractéristique de la dentelle aux fuseaux, c'est le fondu des contours, dit M. Engerand [2] : celle du point à l'aiguille, au contraire, le relief et l'accentuation de la fleur : le fuseau est à l'aiguille ce que l'estampe est au crayon : le dessin que le fuseau adoucit, l'aiguille le précise. La dentelle à l'aiguille a plus d'éclat et sert à des usages plus nobles ; la dentelle au fuseau a plus de souplesse et de charme, et ses flots vaporeux semblent faits pour idéaliser la beauté féminine et en affiner la grâce.»

Pour être vraiment parfaite, il faut qu'une dentelle ait de la finesse et de la souplesse : qu'elle soit bien nette en même temps que bien ombrée ; que le réseau soit régulier et que le dessin ressorte avec délicatesse.

La dentelle au fuseau, la seule qui nous occupe, se fabrique sur un petit métier très simple appelé *carreau;* il se compose d'une planchette rembourrée, recouverte de toile ou de drap et formant une sorte de coussin, qui se place sur les genoux de l'ouvrière ou sur un appui extérieur à portée de la main. Les fils d'un bout sont attachés au carreau par des épingles et de l'autre s'enroulent autour de fuseaux de bois très lisses, divisés en trois parties : la poignée, la casse et la tête. C'est au moyen de ces fuseaux que l'ouvrière enlace les fils, fixant les points de croisement par des aiguilles qu'elle pique dans une carte soit de papier vert ou bleu, soit de parchemin, où la *patronneuse* a indiqué le dessin à exécuter.

Si la pièce à faire est une bande dont le dessin se répète, on se sert d'un métier contenant une partie cylindrique dans laquelle on enfile la carte préalablement cousue en rond : cette partie cylindrique tournant sur deux tourillons, le dessin se présente sans fin devant l'ouvrière, à mesure qu'elle travaille.

Quelle que soit la richesse de l'ouvrage qui lui est confié, il faut que la dentellière déploie une grande habileté et que son attention soit toujours en éveil : il est indispensable aussi qu'elle possède un certain sens artistique.

Le spectacle des dentellières, qui manient leurs fuseaux avec une agilité surprenante pendant de longues heures sans lever la tête et sans bouger le corps, assises devant leurs demeures, est pittoresque au plus haut point, et il a plusieurs fois tenté le pinceau des maîtres de la peinture ; c'est ainsi

[1] Savary, cité par H. Havard, *Dictionnaire de l'ameublement et de la décoration,* t. II, verbo *Dentelle.*

[2] *Proposition de loi relative à l'apprentissage de la dentelle à la main,* présentée par M. Fernand Engerand, député. *Exposé des motifs.* Chambre des députés, Annexes, 1903, S. O., p. 102.

qu'on admire au musée de Dresde la *Dentellière* de Metzu, au musée de
Rotterdam la *Dentellière* de Gérard Dow, et au musée du Louvre la *Dentellière* de van der Meer de Delft. L'ouvrière en dentelles a aussi fait le sujet
des tableaux de Slingelandt, van Tilborg et van Tol.

Quoique les procédés de travail soient les mêmes, les produits varient
beaucoup suivant les pays[1]: aussi a-t-on pris l'habitude de désigner
chaque genre de dentelles par le nom des villes dont il provient. Les
genres qui se fabriquent aujourd'hui dans notre pays sont : le fameux
point d'Alençon, la seule dentelle en France qui soit complètement faite à
la main; les dentelles de Lille et d'Arras; celles de Bailleul; les dentelles
de Chantilly, Caen et Bayeux; celles de Mirecourt et celles du Puy.

HISTORIQUE.

D'où l'art de la dentelle est-il originaire?

Les Flamands prétendent qu'il a pris naissance sur leur sol. D'après une
croyance répandue chez eux, la mère du Christ, ayant pitié d'une fiancée
malheureuse, nommée Séréna, aurait fait tomber du ciel aux pieds de la
jeune Brugeoise le premier dessin de dentelle, dessin formé de ces fils im-
palpables qu'on appelle communément fils de la Vierge.

Mais il semble plus probable[2] que le berceau de la dentelle est l'Italie.
Une légende attribue l'honneur de sa création à une jeune Vénitienne qui
aurait essayé de reproduire les nervures et les fibres d'une algue marine
pétrifiée, présent d'un fiancé dont elle était séparée par la guerre.

Quoi qu'il en soit de cette question, que les savants n'ont pas encore
réussi à trancher, on peut tenir pour certain que l'industrie de la dentelle
existait dans la région dont nous nous occupons, dès la fin du xve siècle.
Charles-Quint ordonna qu'elle fît partie des programmes d'instruction des
écoles et des couvents dans les Pays-Bas[3], c'est-à-dire dans toutes les provinces qui forment actuellement la Flandre française, le Hainaut français,
la Belgique et la Hollande.

Peut-être est-ce dans cette mesure qu'il faut chercher la genèse de la
fabrication des célèbres dentelles connues sous le nom de *valenciennes*.

L'industrie des valenciennes remonte, en effet, au xvie siècle; mais ses
débuts furent modestes. Ce n'est seulement qu'au xviie siècle que les travaux
de la ville de Valenciennes affirmèrent leur supériorité.

En 1646, une illustre dentellière, nous pourrions écrire la plus illustre

[1] Cf. sur ce point les observations de F. Aubry, dans son *Rapport* sur les den
telles fait à la commission français de l'Exposition de Londres, 1851.

[2] Joseph Séguin, *La dentelle, histoire, description, fabrication, bibliographie.*
Paris, 1875.

[3] Pierre Verhaegen, *La dentelle et la broderie sur tulle*, t. I, p. 29.

dentellière de France, Mlle Françoise Badar[1], ouvrit à Valenciennes, dans a rue de Tournay (aujourd'hui rue de Lille), un atelier d'apprentissage avec des jeunes filles intelligentes qu'elle avait emmenées d'Anvers.

Quelques années plus tard, les dentellières de Valenciennes apprirent à fabriquer un genre spécial dit à *fond de neige*, que leur enseignèrent les directrices de la manufacture du Quesnoy. Cet établissement était une succursale de la manufacture créée en 1665, à Paris à l'hôtel de Beaufort, par Colbert, qui voulait que la France rivalisât avec les pays les plus renommés pour la production des dentelles; il y en avait de semblables à Arras, Sedan, Château-Thierry, la Flèche, Loudun, Auxerre, Aurillac, etc.

Pendant longtemps, le fond de neige fut en vogue, mais on finit par trouver que les fleurs étaient trop rapprochées les unes des autres; on donna de l'air au dessin en agrandissant les espaces et en faisant un réseau très régulier et très transparent.

La seconde moitié du xviie siècle, et la première moitié du xviiie constituèrent par excellence le siècle des dentelles. On trouve dans l'iconographie de ce temps une foule de portraits où se montre la place prépondérante qu'occupait la dentelle dans la parure des hommes et dans la toilette des femmes.

La dentelle alors faisait fureur. Au dire de Saint-Simon, une dame de Puysieux dépensa 100,000 écus pour avoir quelques aunes de ce tissu léger, et Dangeau rapporte qu'en 1690, au camp d'Obermulheim, il y eut pour l'acquisition de dentelles, autant de pourparlers que s'il s'était agi de la capitulation d'une armée ou de la reddition d'une place forte.

«M. de Castanaga à qui M. du Maine et M. de Luxembourg avaient demandé, à plusieurs reprises, un passeport pour faire venir des dentelles de Flandre à l'armée, a refusé le passeport, écrit Dangeau[2]; mais il a envoyé des marchands qui ont porté pour 10,000 écus de dentelles, et, après qu'on les eut achetées, les marchands s'en retournèrent sans vouloir prendre l'argent, disant qu'ils avaient cet ordre-là de M. de Castanaga.»

Une telle courtoisie dans les relations observées entre belligérants, ne serait plus guère de mise aujourd'hui.

Anne d'Autriche, suivant en cela l'exemple de Louis XIII et de Henri IV, avait essayé de réagir contre les abus qu'engendrait la passion désordonnée de la noblesse pour les dentelles: mais les nombreux édits somptuaires de l'époque semblent n'avoir produit aucun résultat.

Cet engouement général favorisa la diffusion des dentelles de Valenciennes, à laquelle aidaient aussi la situation géographique et l'importance des marchés de la ville.

---

[1] Cf. *Vie de Mlle Françoise Badar*. Liège, 1726.

[2] Dangeau, *Journal*, t. III, p. 228.

L'industrie de la dentelle atteignit dans le Hainaut son plus haut degré de prospérité de 1725 à 1780.

On comptait alors à Valenciennes 3,000 à 4,000 dentellières; elles travaillaient dans des caves ou dans des chambres basses, locaux en général humides: c'est ce qui explique que, le fil ne se détordant pas et conservant toute sa force, les pièces faites à l'intérieur de la ville étaient visiblement plus belles que celles faites dans les campagnes environnantes avec les mêmes matières et les mêmes instruments.

Les fils qu'on employait pour la confection de ces délicats tissus étaient produits par la Flandre, le Hainaut et le Cambrésis; ils coûtaient habituellement 700 francs la livre.

Cependant la valeur de la matière première n'entrait que pour un dixième dans le prix de la dentelle, qui, par suite de l'emballement du public, atteignait un taux très élevé.

On achetait 2,000 livres certaines barbes recherchées. Une manchette d'homme se payait jusqu'à 4,000 livres: il est vrai que la confection de cette garniture demandait dix mois de travail; quelquefois, en effet, les manchettes portées par les nobles de l'ancien régime étaient si grandes que Molière a pu dire :

De ces manches qu'à table on voit tâter les sauces [1].

La perfection de semblables travaux, on peut en juger par un portrait du musée de Versailles, celui de Mlle de Beaujolais dont la robe est recouverte de dentelles d'un dessin si riche et si fin qu'elles semblent se confondre avec la gerbe de fleurs que la princesse tient dans les mains. Il est à souhaiter que ces garnitures, qui conviennent si bien à la grâce et à la délicatesse de la femme, retrouvent, par un caprice de la mode, leur vogue d'autrefois.

Pendant la période révolutionnaire, l'industrie des valenciennes péréclita, malgré tous les essais tentés pour faire renaître un art qui avait porté si loin la renommée de la cité.

Un arrêté préfectoral du 7 messidor an ix créa trois ateliers, dirigés par des maîtresses salariées et dont les ouvrières les plus habiles recevaient chaque année des récompenses. Le Ministère de l'intérieur encouragea cette œuvre et lui accorda, le 26 prairial an x, de généreux subsides. En même temps, l'administration décidait un fabricant de fil à venir se fixer à Valenciennes, pour combler le vide laissé par les anciennes manufactures de fils à dentelle qui avaient disparu.

Mais ces efforts n'eurent qu'un résultat éphémère, et, au dénombrement de 1800, la ville ne comptait plus que quelques centaines d'ouvrières.

---

[1] Molière, École des maris.

L'invention de la fabrication mécanique de tulle à Nottingham, en 1818, n'était pas faite pour arrêter une décadence si regrettable à tant de points de vue. Dès lors, la production de Valenciennes diminua de plus en plus et, en 1851, il n'y restait plus que deux dentellières octogénaires. Le dernier ouvrage important qu'on y ait exécuté est une coiffure offerte par la ville, en 1840, à la duchesse de Nemours.

En même temps qu'à Valenciennes, on fabriquait des dentelles dans un grand nombre d'autres localités de la région du Nord.

C'est ainsi qu'au xviie siècle, il y avait à Lille et aux environs 15.000 ouvrières confectionnant des dentelles, se rapprochant de celles de Valenciennes, qu'on appelait *fausses valenciennes* ou *valenciennes bâtardes*. L'hôpital de Lille ne renfermait pas moins de 700 de ces dentellières.

Les dentelles de Lille et d'Arras étaient exportées en Bretagne et en Vendée ; on envoyait celles de Bailleul et d'Armentières en Normandie pour coiffer les paysannes de la région.

On trouve dans un document officiel du commencement du xixe siècle[1] de curieux détails sur l'industrie de la dentelle dans le Nord à cette époque.

Les villes de Bergues, 1er arrondissement ; Bailleul, 2e arrondissement ; Lille, 3e arrondissement, et Valenciennes, 4e arrondissement, sont chacune, porte ce document, le centre et comme le chef-lieu d'une fabrique de dentelles.

Le premier de ces arrondissements de fabrication comptait 118 dentellières, 16 de plus qu'en 1789 ; il comprenait Bergues et Hondschoote ; on n'y faisait que de la dentelle fond de Valenciennes, dite *fausse valenciennes*.

Dans le second arrondissement (Bailleul, Cassel, Estaires, Hazebrouck, Méteren et Steenvoorde), le nombre des dentellières était de 1,269, cent de moins qu'en 1789 ; la dentelle fabriquée était aussi de la *fausse valenciennes* ; cependant à Estaires, la moitié des ouvrières travaillaient le *fond de Paris*.

L'armée des dentellières diminuait aussi dans le 3e arrondissement, qui englobait, outre la ville de Lille, les communes d'Esquermes, d'Haubourdin et de Loos : en effet, les chiffres de 14,000 ouvrières (dont 13,600 pour Lille seulement) et de 2.000 apprenties, qui avaient été constatés en 1789, étaient descendus, en 1804, à 11,000 ouvrières et à 1,000 apprenties.

Des 360 pièces exécutées en 1789 dans le 3e arrondissement, 1/24e était en *fond de Paris* ; le reste était en *fond de Bruxelles*, excepté les dentelles provenant d'Esquermes, qui étaient en *fond de Valenciennes*.

---

[1] *Statistique du département du Nord*, par M. Dieudonné, préfet, an xii.
t. II, p. 367.

Enfin, dans le 4ᵉ arrondissement. formé uniquement de la ville de Valenciennes, le contingent des ouvrières, qui était de 1,000 en 1789, était réduit des trois quarts en 1804.

Toutes les dentelles fabriquées alors dans le Nord. même celles improprement appelées *points de Bruxelles*, étaient faites au fuseau, d'un seul réseau et d'un même fil.

Aujourd'hui, l'industrie de la dentelle a disparu de partout dans le nord de la France, excepté dans la ville de Bailleul où existent encore des ouvrières expertes en la matière et qui possède deux écoles. Aussi croyons-nous devoir consacrer à l'historique de la fabrication de la dentelle à Bailleul quelques développements particuliers, justifiés par une survivance remarquable et aussi par les symptômes d'une vitalité prochaine que l'on peut augurer de mesures prises en ces derniers temps.

L'enseignement de la dentelle était pratiqué à Bailleul dès le xviiᵉ siècle : on en trouve la preuve dans un article du règlement de l'École gratuite des filles pauvres, daté du 31 juillet 1664, qui exige que la directrice puisse apprendre la dentelle à ses élèves [1].

Il est probable que l'industrie dentellière naquit à Bailleul en même temps qu'à Ypres, ces deux villes étant voisines et soumises alors à la même domination. Ypres commença à produire de la dentelle en 1656 et, en 1684, on y comptait seulement 63 ouvrières et 3 maîtresses.

A Bailleul, les débuts furent aussi modestes, et il fallut près d'un siècle de travail patient et obscur pour que notre industrie sortît de sa chrysalide et portât l'aisance et le bonheur dans une foule de foyers.

Ainsi la fabrication de la dentelle n'est pas mentionnée dans un document du 20 juillet 1685 qui décrit toutes les industries établies à Bailleul: c'est un mémoire, délibéré en «l'Assemblée des députés ordinaires à la direction des affaires de la ville et châtellenie de Bailleul», et que l'intendant de Madrys transmit au marquis de Louvois, à la demande de ce dernier.

Il n'est pas question non plus de l'industrie dentellière dans un autre mémoire rédigé en 1697 par M. de Coligny. ingénieur du roi, qui contient une notice descriptive très complète sur les principales localités de la Flandre maritime [2].

Enfin on n'en trouve aucune trace dans les procès-verbaux, très dé-

---

[1] Ignace DE COUSSEMAKER, *Documents inédits relatifs à la ville de Bailleul*. t. I. p. 464.

[2] *Bulletin de la Commission historique du département du Nord*, t. XI, p. 251, et t. XII, p. 268.

taillés pourtant, des tournées faites par le directeur des domaines de Flandre, Artois et Cambrésis, de 1745 à 1750 [1].

Mais quelques années plus tard, l'industrie de la dentelle conquiert sa place au soleil.

Une pièce du 13 mars 1769 [2] nous apprend que les directrices de l'École dominicale de Bailleul, Claire-Eugénie Lenglé et Marie-Anne-Thérèse de Thoor, augmentent leur commerce de dentelles afin de se procurer les ressources nécessaires pour l'achat de récompenses destinées à leurs élèves.

D'autre part, les *Calendriers de Flandre*, qui jusqu'alors ne parlaient pas de la fabrication de la dentelle à Bailleul, la signalent à partir de 1772.

Cette industrie ne fit qu'augmenter dans les années qui suivirent. Nous avons vu qu'en 1789 elle employait près de 1,400 ouvrières dans la région de Bailleul, et le *Tableau général du commerce pour les années 1789 et 1790* par Gournay, dit qu'il se faisait à Bailleul à cette époque «un commerce considérable en dentelles».

La dentelle de Bailleul, moins riche et d'une valeur moins grande que la vraie dentelle de Valenciennes, eut moins à souffrir qu'elle de la dispersion de la noblesse à l'époque révolutionnaire [3], et, dès que l'ordre fut rétabli, les dentellières reprirent leurs fuseaux.

Leur nombre, en 1804, était, nous l'avons dit, de 1,269; en 1827, il atteignait 1,500 [4]. Bailleul et les communes environnantes en comptaient 2,600 en 1830 et 8,000 en 1851.

L'industrie de la dentelle à la main était alors à son apogée et, le 26 juillet, jour de la Sainte-Anne, toute la ville de Bailleul célébrait la fête de la patronne des dentellières; à cette occasion, les écoles et les ateliers revêtaient à l'intérieur et à l'extérieur une coquette parure; les dentellières assistaient le matin à la messe, puis elles se répandaient à travers les rues, dansant des rondes aux accents de vieilles mélopées flamandes.

Cette pittoresque festivité s'est conservée jusqu'à nos jours, mais, pendant la seconde moitié du xixe siècle, le nombre des jeunes filles qui y prennent part n'a pas cessé de diminuer.

Le gouvernement impérial tenta d'arrêter cette décroissance et, au mois d'août 1870, le Ministre de l'agriculture et du commerce accordait une

[1] *Bibliothèque des droits du domaine du Roy*, t. XXI (manuscrit appartenant au *Comité flamand de France*).

[2] Ignace DE COUSSEMAKER. *Documents inédits relatifs à la ville de Bailleul*, t. II, p. 372.

[3] Eugène CORTYL. *La dentelle à Bailleul* (*Bulletin du Comité flamand de France*, 1903, p. 230).

[4] Ch. DE ROZOIR. *Relation historique, pittoresque et statistique du voyage de S. M. Charles X, dans le département du Nord*, p. 107. Paris, 1827.

allocation de deux cents francs à chacune des écoles fondées à Bailleul,
par l'initiative privée, pour apprendre aux jeunes filles la fabrication de
la dentelle. Il y avait dix de ces écoles, fréquentées par près de 500 enfants de 7 à 13 ans; les parents de chaque apprentie versaient entre les
mains des maîtresses une rétribution mensuelle de 1 fr. 50.

En 1888, le nombre de ces écoles était descendu à quatre et on comptait seulement 181 élèves; en 1891, les apprenties ne formaient plus
qu'un total de 79, que se partageaient trois écoles.

C'était l'agonie de l'enseignement de la dentelle; le développement du
tissage mécanique de la toile lui avait été très préjudiciable, en attirant les
jeunes filles vers les grandes usines; l'application de la loi scolaire lui
porta le coup mortel. Il y eut encore à Bailleul des ouvrières dentellières,
mais on n'y fit plus d'apprenties.

Heureusement, un mouvement d'opinion très marqué en faveur de la
dentelle à la main s'est manifesté depuis quelques années, et l'on peut espérer que bientôt son industrie retrouvera à Bailleul un peu de son ancienne
importance.

LE RÉVEIL DE L'INDUSTRIE DENTELLIÈRE DANS LE NORD.

La diminution toujours croissante du nombre des dentellières, diminution qui se manifeste non seulement dans le nord de la France, mais aussi
dans le Calvados et en Belgique, a ému certains bons esprits; partout on
a déploré la disparition prochaine d'une industrie essentiellement locale et
populaire, poétisée en quelque sorte par les traditions de plusieurs siècles
et qui, au surplus, présente au point de vue social des avantages incon-
testables.

En présence de la crise agricole actuelle, il est plus que jamais nécessaire d'apprendre aux travailleurs des champs un petit métier qui les occupe pendant le long chômage imposé par l'hiver, et dont les bénéfices
apportent un appoint appréciable au modeste budget de la famille.

Cette nécessité qu'il y a de favoriser l'exercice du travail à domicile est
surtout impérieuse en ce qui concerne la femme. Il est hors de doute, en
effet, qu'une des raisons pour lesquelles les campagnes se dépeuplent dans
des proportions qui émeuvent tous les économistes, c'est la difficulté pour
la paysanne de trouver dans son village un métier qui lui permette de
réaliser un bénéfice suffisant; dès l'âge de quinze à seize ans, la jeune
fille quitte sa famille pour aller en ville chercher un gagne-pain.

Par suite de cet exode, les jeunes gens, à la fin de leur service militaire, ne sont plus attirés vers leur village natal: on l'a dit avec raison,
pour retenir l'homme dans les campagnes, il est indispensable d'y fixer la
femme, car où est la femme est le foyer.

C'est ainsi que depuis la décadence de l'industrie dentellière, la dépopulation des campagnes dans la Normandie est devenue absolument effrayante; M. Engerand[1] donne en exemple le village d'Amblie (Calvados) dont le nombre d'habitants est descendu de 700 à 300 : dans les arrondissements de Caen, de Bayeux et de Falaise, où jadis la fabrication de la dentelle était en honneur, la population, depuis 1872, a diminué de 27,182 habitants.

Si cette dépopulation ne sévit pas à Bailleul, c'est que la ville possède maintenant des usines et des ateliers de couture qui fournissent du travail à un grand nombre de bras.

A l'étranger, on a compris mieux que chez nous le devoir social qui s'impose aujourd'hui de venir en aide aux populations rurales, et l'initiative privée, très souvent secondée par l'État, a fait en ce sens des efforts louables, qui ont été couronnés de succès[2].

En Angleterre, notamment, où le dépeuplement des campagnes s'accuse plus que partout ailleurs, la haute société s'attache à favoriser le travail des paysannes, et il existe à ce point de vue entre les dames de la noblesse une sorte d'émulation mondaine qui produit d'excellents résultats. Certaines des broderies et des dentelles dont sont garnies les robes des duchesses, des comtesses et des marquises dans les fêtes données par la haute société anglaise, sont faites dans les chaumières de l'Irlande; la reine Alexandra prêche d'exemple et, plusieurs fois, elle s'est adressée aux habiles ouvrières des communes rurales.

Dans quelques provinces, les paysannes confectionnent des bas et des trousseaux de chasse pour la noblesse; ailleurs, elles tricotent des chaussons pour l'armée; enfin, dans d'autres lieux, on a initié les jeunes paysannes à l'horticulture, et elles se procurent d'assez jolis bénéfices en cultivant les fleurs en vogue.

Les dames de l'aristocratie hongroise et autrichienne, à l'instigation de l'archiduchesse Isabelle, ont formé une société (*Isabella hazi iparegylet*) qui aide au développement des industries pratiquées par les femmes des campagnes de la Haute-Hongrie; cette société, qu'encouragent l'empereur et le gouvernement, a créé six ateliers-écoles et un dépôt de vente à Presbourg; son fonctionnement a paru si intéressant que le jury de l'Exposition de 1900 lui a décerné un grand prix.

[1] *Loc. cit.*

[2] Cf. Marius Vachon, *Rapport sur les musées et les écoles d'art industriel et sur les situations des industries artistiques en Allemagne, Autriche-Hongrie, Italie et Russie*. Paris, 1885. — Le même. *Rapport sur les musées et les écoles d'art industriel et sur la situation des industries artistiques en Danemark, Suède et Norvège*. Paris, 1889. — Gustave Sundbarg, *La Suède, son peuple et son industrie*. Stockholm, 1900. — Musée social. Archives, dossier de l'industrie rurale.

Une organisation semblable se rencontre en Suède, où un groupe important, comptant plus de mille membres, la Société des amis du travail manuel (*Handarbetets vänner*), favorise les travaux manuels des paysannes et s'efforce de leur donner un caractère artistique; elle remet à la mode les tissus et les broderies jadis si en honneur, elle fonde dans les villages des ateliers, ainsi que des écoles d'apprentissage ou de perfectionnement: enfin elle donne directement de l'ouvrage aux gens de la campagne en leur faisant exécuter des travaux commandés à un comptoir qu'elle a installé à Stockholm.

Mais c'est en Russie que les petites industries sont le plus variées et le plus développées: elles procurent à l'artisan russe, au *koutsar*, homme ou femme, un bénéfice moyen de 1 franc par jour; certains de ces ouvriers peuvent même arriver à gagner quotidiennement jusqu'à 5 francs.

L'État coopère dans une large mesure à l'extension des métiers pratiqués au village; un crédit annuel, qui est actuellement de 265.000 francs, leur est alloué: le ministère de l'agriculture favorise l'organisation d'écoles et d'ateliers: on a même établi à Saint-Pétersbourg un musée où sont exposés les travaux des koutsari et qui rend de grands services à ces derniers: d'importantes commandes de fournitures pour l'armée leur sont réservées par l'intendance militaire[1].

On le voit, dans plusieurs pays on reconnaît l'urgence qu'il y a de faire prospérer les industries rurales qui empêchent le paysan de se « déraciner » en lui assurant les moyens de vivre sur place.

Cette préoccupation ne doit pas entrer en ligne de compte pour ce qui concerne Bailleul, localité plutôt riche et plantureuse et dont la population tend à augmenter. Mais la municipalité de cette ville a pensé qu'il serait cependant regrettable de laisser disparaître la fabrication de la dentelle à la main, qui est une industrie aimable, hygiénique et bien appropriée aux exigences de la vie domestique et agricole.

Le travail aux fuseaux, qui se fait généralement dans la maison même de l'ouvrière, lui permet de soigner ses enfants et de vaquer aux soins du ménage. Qu'à certaines époques de l'année, par exemple au moment de la moisson ou de la cueillette du houblon, l'agriculture réclame un supplément de personnel, femmes et jeunes filles laissent là leurs *carreaux* pour aller donner un coup de main aux hommes.

A un autre point de vue, on peut dire que l'industrie dentellière est hautement moralisatrice, car le genre de vie en quelque sorte patriarcal que suppose son exercice, sauvegarde l'unité et la dignité de la famille.

Mais a-t-on quelque chance de sauver la fabrication de la dentelle à la

[1] Cf. N. V. Ponomarev, *L'industrie domestique et rurale en Russie; les Koutsari*. Paris, 1900.

main? Peut-on remédier à la crise terrible que subissent à la fois la vente et la production de ce tissu maintenant si rare?

Les machines perfectionnées de Nottingham, de Calais, de Caudry et d'ailleurs, d'où sortent aujourd'hui de superbes travaux, font à l'antique fuseau des dentellières une concurrence qui semble rendre la lutte presque inutile : ce qu'une ouvrière ne pourrait confectionner qu'en six mois et encore à la condition de travailler douze heures par jour, un métier mécanique peut l'exécuter en dix minutes.

Toutefois ce progrès du machinisme n'est pas seul responsable de la décadence de la fabrication à la main. Il existait déjà à l'époque où l'industrie dentellière de Bailleul était en pleine prospérité. On a même constaté que la dentelle à la mécanique n'est jamais plus demandée qu'aux temps où l'élite des femmes recherche la dentelle à la main.

Quelle que soit l'habileté de la machine, elle ne saurait, en effet, suppléer aux qualités propres de la dentellière. Comme le dit avec beaucoup de justesse M. Ernest Lefébure[1], «l'art est absent partout où manque la vérité, partout où le calcul remplace l'émotion, partout enfin où l'on ne sent pas vibrer une intelligence derrière la main qui travaille, et dont les hésitations mêmes ont un charme particulier».

C'est la mode qui est surtout cause de la crise actuelle, la mode qui change avec chaque saison et qui rend ainsi impossible aux bourses modestes l'achat d'objets de toilette d'un certain prix.

La dentelle vraie ne peut plus être actuellement qu'un objet de luxe, et il faut lui maintenir ce caractère, loin de chercher à rivaliser avec l'imitation sur le terrain du bon marché.

Le salut de la dentelle à la main est dans la perfection et la variété; on doit en faire de plus en plus un travail artistique où ressorte son incontestable supériorité.

A ce point de vue, il y aurait de sérieux progrès à réaliser, particulièrement à Bailleul où la fabrication se fait d'une façon assez grossière, avec des modèles qui, pour la plupart, sont vieux de cinquante ans. On devrait aussi essayer d'implanter dans notre région un genre nouveau, que l'industrie mécanique est impuissante à copier et qui semble appelé à une certaine vogue : nous voulons parler de la dentelle polychrome, inventée à Courseulles-sur-Mer (Calvados), par MM. Georges Robert et Félix Aubert.

L'État et les communes peuvent, de leur côté, apporter un grand appoint au relèvement de l'industrie dentellière : d'abord par l'organisation de l'apprentissage, dont nous parlons plus loin; puis encore en fondant dans les centres dentelliers des musées d'art industriel où seraient exposés des spécimens des dentelles anciennes et modernes; ces musées rendraient

---

[1] Ernest Lefébure. *Broderie et dentelles* (Bibliothèque de l'enseignement des Beaux Arts). Paris, S. M.

aux ouvrières, aux patronneuses et même aux fabricants les services que rendent les musées de peinture et de sculpture aux élèves des écoles de beaux-arts.

Leur création serait d'autant plus facile que de précieuses collections de dentelles sont déjà réunies en certains endroits. La ville de Bailleul possède, grâce à la générosité de deux particuliers, une collection très complète de dentelles exécutées à Bailleul de 1780 à 1896, qui est placée au musée communal. A Valenciennes, on trouve également, au musée de la ville, d'intéressants fragments de dentelles anciennes.

L'initiative des particuliers s'emploierait aussi très utilement à développer la production de la dentelle. En Italie, en Autriche, en Angleterre, en Belgique et ailleurs, elle a réalisé de véritables merveilles.

C'est l'aristocratie italienne qui a ressuscité, on peut le dire, la dentelle de Burano. Aujourd'hui, l'île possède une école très prospère, fréquentée par de nombreuses jeunes filles, et les dentellières y ont une situation bien supérieure à celle des ouvrières des usines.

Dans d'autres pays, les dames de la noblesse, marchant comme en Italie d'accord avec leurs souveraines, ont constitué des comités de patronage qui ont donné un grand essor à la fabrication comme à la vente de la dentelle.

Il est à souhaiter qu'en France de semblables groupements se constituent au plus tôt; c'est ce qu'a très bien compris la Commission interparlementaire chargée d'étudier l'application de la loi du 5 juillet 1903 dont nous nous occupons plus loin. Dans sa séance du 15 décembre dernier, elle émettait, en effet, le vœu «que les pouvoirs publics encouragent avec la plus grande sympathie l'organisation de comités de patronage principalement composés de dames et semblables à ceux qui ont été constitués à l'étranger pour développer le goût et l'usage de la dentelle à la main».

Le jour où la dentelle à la main sera plus recherchée qu'elle ne l'est maintenant, sa fabrication sera sans doute plus rémunératrice et on verra s'y consacrer un grand nombre de femmes que rebute à juste titre le taux du salaire quotidien actuel (0 fr. 75 à Bailleul).

A la crise de la vente, nous l'avons dit, s'ajoute la crise de la production. Le débit de la dentelle à la main, quelque maigre qu'il soit, est encore trop important pour nos ressources, et les fabricants de Bailleul sont obligés de s'adresser aux villages belges de la frontière pour se procurer le complément nécessaire.

C'est à organiser l'apprentissage que doivent s'appliquer d'abord ceux qui veulent relever notre industrie; cette question est primordiale, car si on ne prend pas des mesures immédiates, bientôt on ne trouvera plus une seule dentellière sur tout le territoire français.

Mais ici on se heurte à deux obstacles provenant l'un de la loi du 28 mars 1882 sur l'enseignement primaire, et l'autre de la loi du 2 novembre 1892 sur le travail des enfants.

Tout le monde admet qu'il faut qu'une dentellière commence à apprendre son métier avant l'âge de 8 ans[1] et que cet apprentissage se poursuive pendant toute la période où la fillette est soumise à l'obligation scolaire.

D'autre part, la loi de 1892 interdit aux enfants un travail de plus de trois heures par jour.

La nécessité de développer l'enseignement de la dentelle à la main a été surtout comprise à Bailleul, où les autorités locales ont pris une initiative qui a montré la voie à suivre au législateur.

En 1901, M. Ernest Lotthé, représentant du canton nord-est de Bailleul, faisait adopter par le Conseil général du Nord le vœu «qu'il fût ouvert dans les écoles de filles de Bailleul, un cours d'apprentissage de la dentelle à la main, de façon à faire revivre une industrie jadis prospère, et qui est sur le point de disparaître au profit des communes belges limitrophes de la frontière».

Le 5 novembre de la même année, le Conseil municipal de Bailleul, se ralliant au vœu du Conseil général, priait M. le Ministre du commerce et de l'industrie «de vouloir bien faire choix de la ville de Bailleul pour la création d'écoles dentellières subventionnées par l'État».

M. le Ministre du commerce, à qui cette délibération fut transmise avec un avis très favorable de M. le Préfet du Nord, envoya Mᵐᵉ Vigneron, inspectrice des écoles pratiques du commerce et de l'industrie, étudier sur place, de concert avec la municipalité, les voies et moyens pour réaliser le vœu émis par l'assemblée communale.

Confirmant sa délibération du 5 novembre 1901 en lui donnant une forme plus pratique, le Conseil municipal de Bailleul décidait, le 31 juillet 1902, d'inscrire au budget communal à partir de cette année une somme de 150 francs destinée à servir de première allocation pécuniaire pour traitement d'une maîtresse dentellière.

Le premier pas était fait, et le Ministère du commerce, qui avait délégué de nouveau Mᵐᵉ Vigneron pour s'entendre avec M. Hié, maire de Bailleul, n'allait pas tarder à suivre le mouvement.

Mais comment organiserait-on l'école projetée? C'est le problème que M. le Sous-Préfet d'Hazebrouck posait au Conseil municipal de Bailleul par lettre en date du 12 septembre.

Cette assemblée, réunie le 7 novembre, était d'avis qu'avant d'élaborer

---

[1] Un placard du Magistrat de Valenciennes indique qu'au XVIIIᵉ siècle, les dentellières de cette ville maniaient le fuseau depuis l'âge de cinq à six ans. Cf. Antoine Carlier, *Les Valenciennes*, p. 16, Bruxelles, 1902.

le projet demandé, il fallait être assuré que les enfants bénéficiant de la dispense prévue par l'article 15, § 3, de la loi du 28 mars 1882, pourraient s'absenter de l'école communale tous les jours, soit le matin, soit l'après-midi[1].

L'Inspecteur d'académie, directeur départemental de l'enseignement primaire du Nord, consulté par M. le Préfet du Nord, ne crut pas pouvoir donner un avis favorable à la demande du Conseil municipal de Bailleul. «Les convenances d'une industrie à peu près disparue, disait-il, ne peuvent être préférées à l'application de la loi de l'obligation scolaire[2].»

On comprend d'autant mieux les scrupules de l'autorité académique qu'il s'agissait d'enfants n'ayant encore aucun rudiment d'instruction et élevées dans des familles dont la langue usuelle est le flamand.

M. le Ministre du commerce et M. le Maire de Bailleul tombèrent alors d'accord pour mettre à la disposition des fillettes des cours de dentelles qu'elles pourraient suivre en dehors des heures de classes. Une somme de vingt francs par élève et par an était allouée à la maîtresse dentellière chargée de ces cours[3].

La municipalité de Bailleul, à qui incombait le soin de les organiser, s'adressa à Mlle Euphrasie Roelant, et l'école fonctionna régulièrement dès le commencement de l'année 1903. La directrice touche le subside de 150 francs voté par le Conseil municipal, plus l'indemnité de 20 francs par élève et par an accordée par le gouvernement. Ainsi encouragée, elle dispense les parents des élèves de toute rétribution.

Le nombre des élèves qui fréquentent sa maison est de 28. Elles s'y rendent après la classe primaire et y restent de 11 heures du matin à midi et de 4 heures à 6 heures du soir.

Jugeant cette durée d'apprentissage quotidien insuffisant, M. le Maire de Bailleul demanda à M. le Directeur de l'enseignement primaire d'autoriser les élèves de l'école dentellière à quitter la classe une heure avant l'heure réglementaire[4]. L'autorité académique n'accorda pas cette permission, alléguant qu'un accord était en vue entre le Ministère de l'instruction publique et celui du commerce et de l'industrie au sujet des conditions de l'apprentissage de la dentelle pour les enfants en âge scolaire[5].

[1] Le texte de ce paragraphe est ainsi conçu : «La Commission (*scolaire*) peut aussi, avec l'approbation du Conseil départemental, dispenser les enfants employés dans l'industrie, et arrivés à l'âge d'apprentissage, d'une des deux classes de la journée: la même faculté sera accordée à tous les enfants employés, hors de leur famille, dans l'agriculture.»

[2] Lettre en date du 17 décembre 1902.

[3] Décret de M. le Ministre du commerce et de l'industrie en date du 29 décembre 1902.

[4] Lettre en date du 28 mai 1903.

[5] Lettre en date du 16 juin 1903.

En effet, à cet époque, le Parlement était saisi d'une proposition de loi de M. Engerand, député du Calvados, relative à l'apprentissage de la dentelle à la main.

Ce projet, qui rencontra partout le meilleur accueil, fut l'objet d'un rapport de M. Vigouroux, et la Chambre l'adopta, avec quelques modifications, le 16 juin 1903. Au Sénat, un ancien président du Conseil, M. Charles Dupuy, qui représente un département où se fabrique de la dentelle, ne dédaigna pas de s'en faire le rapporteur.

La proposition de M. Engerand est devenue la loi du 5 juillet 1903, qui comprend deux articles et se trouve ainsi conçue :

Art. 1ᵉʳ. L'enseignement professionnel de la dentelle à la main sera organisé dans les écoles primaires de filles des départements où la fabrication est en usage et dans les écoles normales d'institutrices de ces mêmes départements. Ces écoles seront désignées par décret.

Art. 2. Il sera créé dans les principaux centres dentelliers des cours et des ateliers de perfectionnement ou des écoles propres à développer l'éducation artistique des ouvrières et des dessinateurs.

Une commission interparlementaire fut instituée par le Ministre du commerce, pour étudier, en ce qui concerne son département, les mesures à prendre en vue d'assurer l'application de la loi du 5 juillet 1903.

Cette commission s'est réunie au Ministère du commerce, et après un échange d'observations elle a adopté à l'unanimité le vœu suivant, qui avait été proposé par l'un de ses membres, M. Vigouroux, député de la Haute-Loire :

« La commission émet le vœu que, dans chaque département, le conseil départemental désigne, sur la proposition de l'inspecteur d'académie, saisi par les conseils municipaux intéressés, les écoles primaires de filles dans lesquelles l'enseignement pratique de la dentelle à la main sera immédiatement introduit. »

Après une seconde réunion, le 15 décembre 1903, la commission a clos ses travaux. A cette séance, elle avait adopté un nouveau vœu de M. Vigouroux, tendant à la création de cours et d'ateliers de perfectionnement dans les centres dentelliers où les pouvoirs locaux et les fabricants intéressés en justifieraient l'utilité, ainsi qu'un vœu de M. Frogier de Ponlevoy, sénateur des Vosges, que nous avons déjà mentionné, relatif à l'organisation de comités de patronage.

Lors du vote du budget de 1904, un crédit de 20,000 francs a été ouvert aux chapitres du Ministère de l'instruction publique pour assurer l'application de la loi.

Comme suite aux votes des Chambres et aux désirs de la commission interparlementaire, l'enseignement de la dentelle a été introduit à Bailleul dans l'école primaire communale de filles; depuis le commencement du mois de mars. une institutrice adjointe y apprend aux élèves les éléments de la fabrication de la dentelle à la main, en attendant que l'autorité académique puisse désigner une maîtresse dentellière qu'elle cherche et qu'un crédit ministériel lui permettra de rémunérer.

On s'occupe également de faire renaître à Valenciennes l'industrie du célèbre fond qui a porté si loin la renommée de la capitale du Hainaut. La municipalité a demandé, en effet. la création dans cette ville d'une des écoles prévues par l'article 2 de la loi sur l'apprentissage de la dentelle à la main; l'établissement, organisé sur de grandes bases comme les écoles d'arts et métiers, les écoles supérieures de commerce, etc., serait fondé avec la triple collaboration de l'État. de la ville et de la chambre de commerce de Valenciennes.

Il faut espérer que tous ces efforts du gouvernement, du parlement et des communes intéressées aboutiront à un résultat appréciable et que bientôt refleurira cette industrie de la dentelle à la main, qui mettait un peu d'art dans l'âme du peuple et contribuait ainsi à le rendre meilleur.

www.ingramcontent.com/pod-product-compliance
Lightning Source LLC
LaVergne TN
LVHW021907180726
843502LV00008B/2924